MINI CURIOSOS DESCOBREM OS dinossauros

CLARICE UBA

Ilustrações:
Lorota

ÍNDICE

LUME livros

o mundo de antigamente

Muito, mas muito tempo atrás,
não tinha cachorro no mundo.
Nem gato. Nem passarinhos.
E nem gente!

(Mas tinha outros bichos, como os dinossauros.)

Os dinossauros eram um tipo de réptil. Réptil existe até hoje. Crocodilo é um réptil, mas lagartixa também. Os répteis vêm em um monte de tamanhos e formas, e os dinossauros também eram bem diferentes uns dos outros.

Alguns eram enormes, outros bem pequenos.
Alguns eram ferozes, outros só queriam comer uma salada em paz.
Alguns gostavam de viver cercados de amigos, outros preferiam ficar sozinhos.

Esses bichos viveram milhões de anos atrás, o que é tempo que não acaba mais. Para você ter uma ideia, imagine que essa linha aí do lado é todo o tempo em que a Terra existiu (a Terra é muito velha, quase um cacareco).

Os dinos demoram para aparecer, mas a gente demora muito mais e todo o tempo dos humanos na Terra é um tiquinho de nada comparado com o tempo em que teve dino por aí.

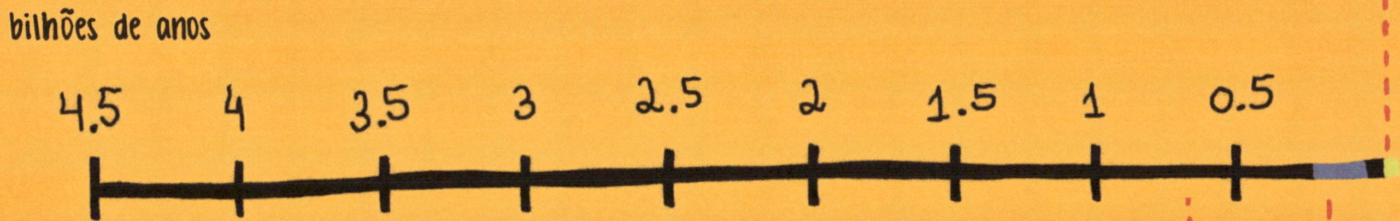

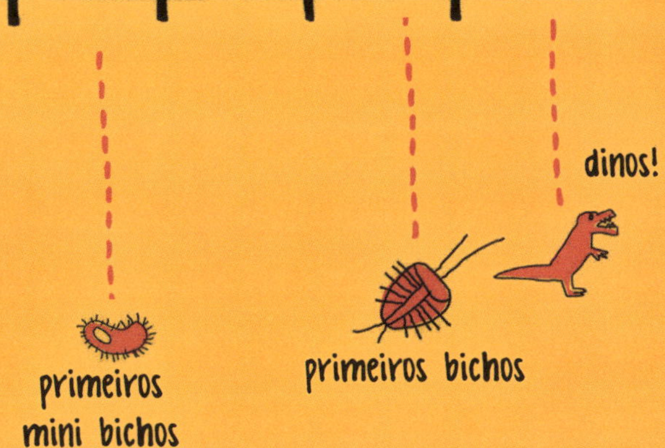

Pode parecer que hoje em dia não tem mais dinossauro, só que eles não sumiram de tudo.

Os passarinhos que a gente vê voando por aí são descendentes dos dinossauros (quer dizer, os que vieram depois. Você é descendente dos seus avós e dos avós deles). Esses monstrões do passado ainda estão com a gente, só que mais levinhos e emplumados.

argentinossauro

(Viveu entre 100 e 93 milhões de anos atrás.)

Esse grandão aqui é o maior dinossauro já descoberto!
Ele era maior que 3 ônibus parados um atrás do outro,
pesava bem mais que 10 elefantes dos grandes
e o pescoço dele era maior que os pescoços de 4 girafas juntos.

Só a cabeça era bem pequeninha, o que significa que o argentinossauro não devia ser nada inteligente. Mas quem é tão grande não precisa ser muito esperto para não ser incomodado.

Na época do argentinossauro, existiam muitos outros dinos enormes também. Para o argentinossauro, ser o maior de todos era um bom jeito de garantir que nenhum comedor de carne ía se meter com ele.

(Por que esse bicho ficou tão grande?)

Para manter esse tamanho todo, ele tinha que comer muito, quase o tempo todo! Por isso esse pescoção: com ele, o argentinossauro não precisava se mexer muito pra comer nem as plantas mais altas, nem as mais baixas. Era só virar o pescoço pra lá e pra cá.

E ele não perdia tempo mastigando as plantas que comia, só arrancava e engolia tudo de uma vez. Mas ele não passava mal? A gente tem que mastigar a comida pra não ter dor de barriga, por que ele não?

Por que a barriga desse dino era cheia de uns bichinhos bem pequenininhos chamados *bactérias*, que quebravam toda a comida que ele engolia.

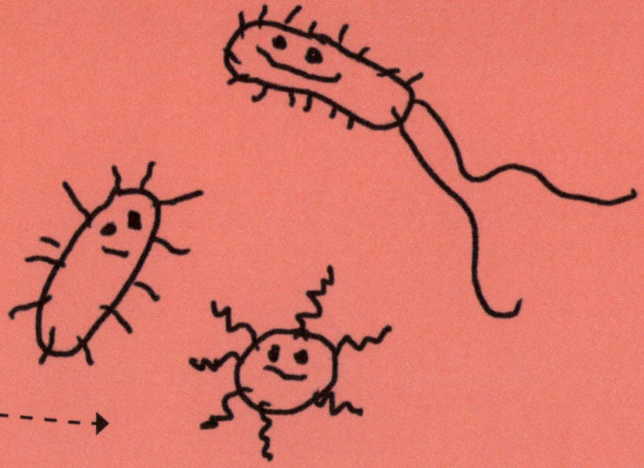

Os argentinossauros nasciam pequenininhos. Um bebê argentinossauro tinha só 5kg quando saía do ovo e, até virar um adulto grandão, demorava muito, uns 40 anos. Para a sorte dos pequenos, os argentinossauros gostavam de viver juntos, e os mais adultos protegiam os mais novos.

Imagine o barulho que devia fazer uma família inteira de argentinossauros saindo para um passeio?

epidexipteryx

(Viveu entre 168 e 160 milhões de anos atrás.)

Nem todo dinossauro era gigante. O epidexipteryx (que nome estranho!) era bem pequenininho, mais ou menos do tamanho de um pombo.

(cadê o epidex?)

E como uma coisa tão pequenininha fazia para viver no meio de um monte de grandões?

Esse mini dino preferia morar na floresta, já que as garras das patas dele eram perfeitas para escalar troncos e galhos. E o epidex (vamos dar um apelido para ele?) passava a maior parte da vida em cima das árvores.

O epidex tinha uma boca engraçada: um bico com dentinhos afiados na frente. Ela era assim porque esse dino nem mastigava o que comia e a boca dele servia só para agarrar a comida antes de engolir.

A comida preferida do epidex eram larvas bem gordinhas de besouros, que vivíam escondidas em buracos nos troncos das árvores. Aí esses dedos compridos eram muito úteis: com eles, o dino conseguia puxar as larvas até dos buracos mais fundos e encher a barriga.

Mas e se o epidex
caísse da árvore ou
tivesse que ir até
o chão? Se algum
outro bicho tentasse
pegar ele, o epidex podia
correr bem rapidinho
com essas pernas
compridas e subir
de volta em sua
árvore preferida.

O epidex tinha o corpo coberto por peninhas bem pequenas, que não ajudavam em nada para voar, mas serviam para manter esse dino quentinho. O pêlo de vários bichos hoje em dia serve para a mesma coisa.

Mas as penas mais legais do epidex estavam na cauda dele: eram 4 penas beeeemm compridas, que não ajudavam a voar nem a esquentar. Elas eram como as penas do pavão, serviam pra deixar ele mais bonito e para fazer ele parecer maior se algum outro bicho tentasse roubar sua comida.

(E desde quando dinossauro tem pena?)

Os dinos são os antepassados (quer dizer, os que vieram antes, seus avós e seus bisavós são seus antepassados) dos pássaros e cada vez mais os cientistas acreditam que os dinos foram os primeiros a ter essa ideia de pena. No começo, só para esquentar e enfeitar, como no epidex, e, só depois, para voar por aí.

estegossauro

(Viveu entre 155 e 150 milhões de anos atrás.)

O estegossauro é um desses dinossauros que quase todo mundo conhece. Se você já viu algum livro, filme ou desenho que falava de dinos, deve ter visto um. Ele é quase uma estrela do mundo dos dinossauros.

Existiram muitos tipos diferentes de estegossauros. O mais famoso é esse aqui: o nome completo dele é *Stegosaurus armatus*, mas a gente pode chamar só de estegossauro mesmo.

Ele não era tão grande quanto um argentinossauro por exemplo, mas era grande para caramba. Esse bichão era do tamanho de um ônibus e pesava mais que um elefante!

E mesmo sendo tão grandão, o estegossauro era um comedor de plantas. Como ele tinha o pescoço curtinho, só alcançava as que nasciam no chão, o que na época dele eram coisas como samambaias e musgos e, se ele desse sorte, uma fruta caída de uma árvore.

A boca do estegossauro era um bico, com alguns dentinhos lá no fundo. O que é engraçado é que a mordida dele era bem fraquinha. Então, ele tinha que comer plantas macias – mas, pelo menos, ele tinha bochechas.

Você pode achar que bochechas não servem pra muita coisa, mas elas seguram a comida na boca e deixam você mastigar até ela ficar bem amassadinha e mais fácil de engolir. Sem elas, não dá para mastigar, ou a comida espirra pra todo lado!

O estegossauro não era muito rápido e tinha muitos dinos comedores de carne enormes e ferozes que adorariam fazer ele de janta.

Para se defender, ele tinha esse rabo espinhudo. Cada espinho tinha pelo menos 1 metro de comprimento e devia doer pra caramba levar uma rabada bem dada de um estegossauro.

Já as placas nas costas dele não serviam para muita coisa. Elas eram bem levinhas e fáceis de quebrar – como armadura, não eram de nada. Talvez elas servissem só para deixar o estegossauro mais bonito para os outros estegossauros.

E o estegossauro tinha um cérebro bem pequeno, do tamanho de um cachorro quente! Isso é quase nada pra um bicho tão grande. Ele não era um dino esperto mesmo.

Mas o estegossauro não dava a mínima pra isso. Ele vivia muito feliz, comendo as plantinhas dele e dando umas rabadas em outros dinos atrevidos de tempos em tempos.

tiranossauro rex

(Viveu entre 68 e 65 milhões de anos atrás.)

Com certeza esse é o dinossauro mais famoso do mundo. Até quem não gosta de dinossauros conhece o tiranossauro.

Essa fama toda também não é por acaso. Se o tiranossauro não foi o maior comedor de carne que já andou por aí, com certeza era um dos mais grandões.

Esse bichão tinha o peso de um elefante, a altura de uma girafa e o comprimento de um ônibus!

E todo esse tamanho vinha atrás de uma cabeçona enorme e uma boca muito forte cheia de dentes do tamanho de bananas.

Além disso, o tiranossauro sentia cheiros muito melhor do que um cachorro, enxergava bem e era o mais inteligente dos comedores de carne gigantes. O que não é tanto assim: até um pardal hoje em dia é mais esperto que o T-rex. Mas, comparado com outros dinos, ele era bem sabido!

E os bracinhos dele, serviam para quê? É bem engraçado um monstrão desses ter uns braços de nada – e eles não serviam para muita coisa mesmo.

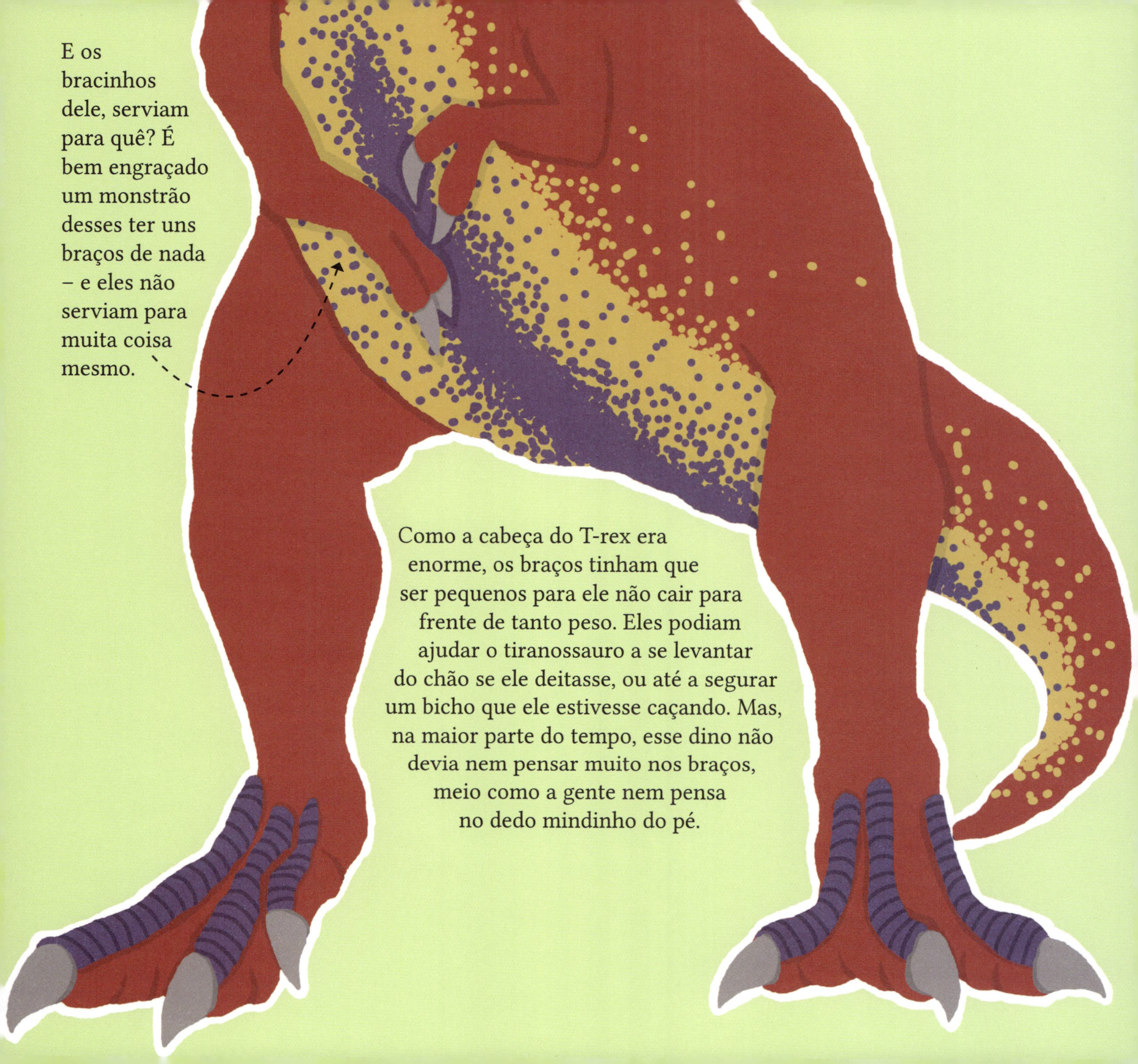

Como a cabeça do T-rex era enorme, os braços tinham que ser pequenos para ele não cair para frente de tanto peso. Eles podiam ajudar o tiranossauro a se levantar do chão se ele deitasse, ou até a segurar um bicho que ele estivesse caçando. Mas, na maior parte do tempo, esse dino não devia nem pensar muito nos braços, meio como a gente nem pensa no dedo mindinho do pé.

Mesmo com esses braços engraçados, ninguém ia querer encontrar um T-rex faminto hoje em dia e, no tempo dele, o tiranossauro também era um bicho de meter medo.

Mas, como os outros dinos que ele comia eram tão grandes ou até maiores do que ele, a vida do tiranossauro não era nada fácil.

Pra começo de conversa, os tiranossauros nasciam bem pequenininhos e levavam uns 20 anos para ficar do tamanho de um adulto. Até lá, eles podiam ser pisoteados por dinos maiores ou até virar lanche de um outro carnívoro.

E, quando eles ficavam grandes o bastante para caçar, tinham que encarar dinos enormes (alguns com chifres, espinhos e armaduras) e sem nenhuma vontade de virar refeição de tiranossauro. Muitos T-rex saíam dessas brigas machucados e de barriga vazia.

Como os pássaros são descendentes dos dinos, talvez o T-rex fosse cheio de penas. Elas não iam servir para voar, só para esquentar o tiranossauro e dar uma enfeitada nele.

Aí, dá para imaginar que esse dino tivesse umas asas super coloridas nos braços. Assim, parecido com uma galinha vistosa, ele nem mete tanto medo!

parassaurolofo

(Viveu entre 76 e 63 milhões de anos atrás.)

O parassaurolofo era um comedor de plantas muito comum no tempo dele. Tinha milhões deles por aí e eles gostavam de andar em grupos enormes, com mais de cem outros parassaurolofos todos juntinhos.

Apesar de ser grandão comparado com os bichos de hoje em dia, para a época ele era no máximo um dino médio. O parassaurolofo também não era muito rápido; ele até dava umas corridas nas duas patas de trás quando precisava, mas preferia mesmo ficar comendo tranquilo com as quatro patas no chão.

E ele não tinha armadura, espinhos, nem chifres. Para não virar o lanche preferido de todo comedor de carne, a proteção do parassaurolofo era andar com um monte, mas um monte mesmo de amigos.

Assim, alguns comiam enquanto outros vigiavam e, se aparecesse algum dentuço mal intencionado, todos saíam correndo juntos na mesma direção, o que confundia o caçador, que não sabia atrás de quem ele ia.

O parassaurolofo gostava de todo tipo de planta. Ele arrancava até os galhos mais duros com o bico e tinha uns 120 dentes na boca! Uma pessoa adulta tem 34 dentes, 120 é dente que não acaba mais e, quando um gastava, nascia outro no lugar.

Esses dentes todos ajudavam o dino a mastigar bem tudo que ele comia, e comida bem mastigada é mais fácil de digerir e virar energia.

E essa crista engraçada na cabeça?
A crista era oca e funcionava como uma corneta. Com ela, os parassaurolofos podiam fazer barulhos parecidos com os dos elefantes hoje em dia e cada parassaurolofo tinha uma voz um pouco diferente da dos outros.

Fazer um barulhão servia para avisar quando tinha algum perigo por perto, chamar os filhotes e os amigos e impressionar as namoradas. Aliás, as cristas deviam ser bem coloridas e cada um desses dinos devia ter uma crista diferente da dos outros, pra ficar mais bonito e pra eles saberem quem era quem.

Esses dinos gostavam tanto de companhia que faziam até os ninhos um do ladinho do outro. Podia ter milhares de ninhos de parassaurolofo no mesmo lugar, cada um cheio de filhotinhos.

Como a boca dos filhotes não era muito forte, os pais tinham que dar comida já mastigada para eles. Muito nojento? Não para os parassaurolofos. E sabe que outros bichos adoram essa ideia de mastigar a comida do filhote? Os passarinhos, que fazem isso até hoje.

utahraptor

(Viveu entre 130 e 125 milhões de anos atrás.)

Esse aqui não é um dinossauro que você ía querer encontrar por aí. Ele não era gigante como um tiranossauro, mas o utahraptor também era um carnívoro (um bicho que come outros bichos) bem feroz.

E ele era o maior dos dinossauros que a gente chama de *raptores*, o primo mais famoso dele, o velociraptor, era do tamanho de um peru!

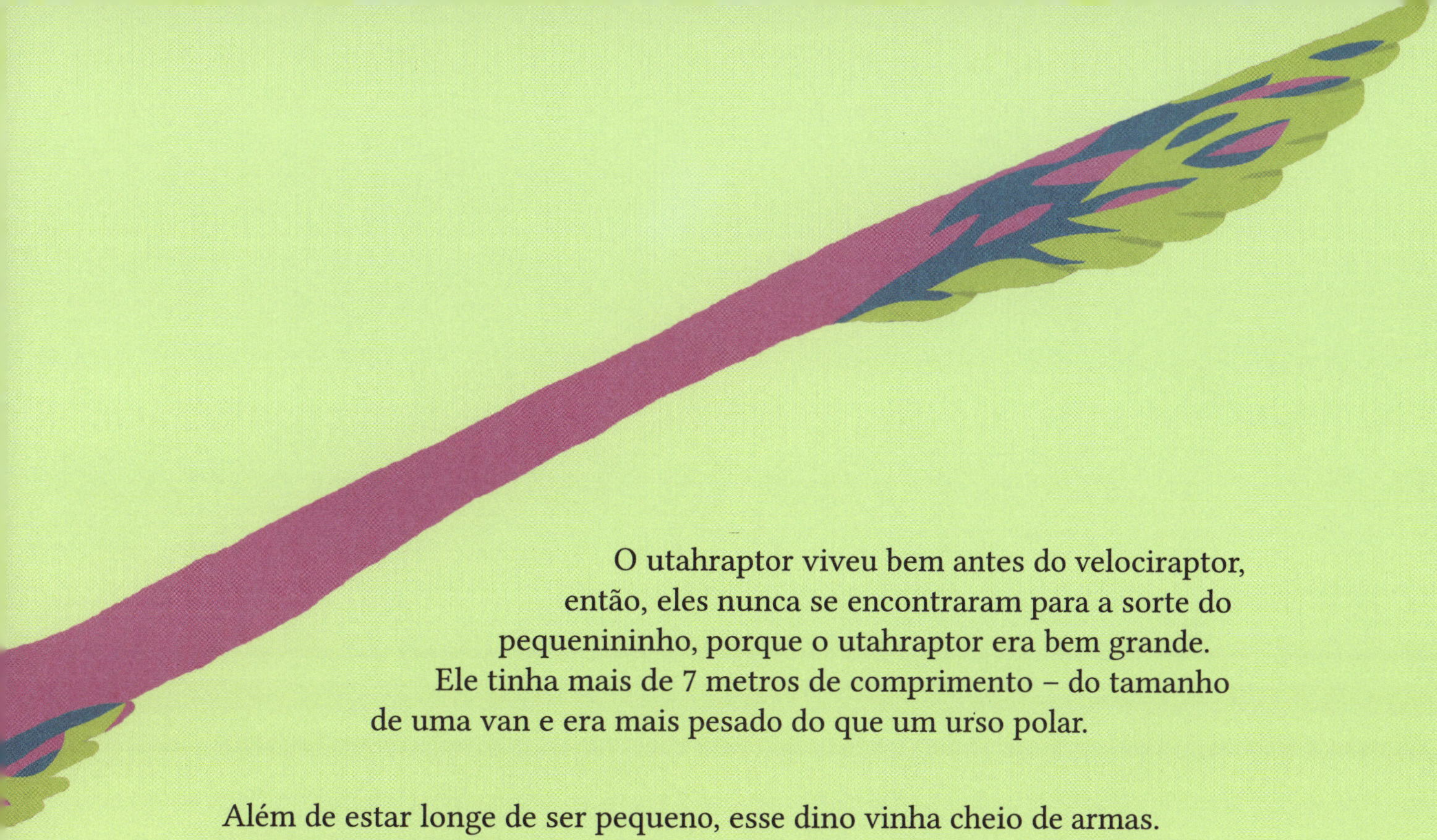

O utahraptor viveu bem antes do velociraptor, então, eles nunca se encontraram para a sorte do pequenininho, porque o utahraptor era bem grande. Ele tinha mais de 7 metros de comprimento – do tamanho de uma van e era mais pesado do que um urso polar.

Além de estar longe de ser pequeno, esse dino vinha cheio de armas. Em cada pé ele tinha uma unha super comprida e afiada, que ele gostava de usar pulando no almoço com os pés primeiro. Sem falar nas garras nas mãos e na boca cheia de dentes pontudos.

E essas penas todas? É até engraçado um dinossauro bravo tão plumoso, mas elas ajudavam o utahraptor a se manter aquecido, parecer maior para os inimigos e bonito para os amigos. Além disso, talvez essas penas nos braços e no rabo ajudassem no equilíbrio quando ele estivesse pulando ou correndo.

Esse era um dos dinos mais rápidos que a gente conhece. Um utahraptor podia correr a pelo menos 30 quilômetros por hora. Nós, os humanos, conseguimos correr mais ou menos 13 quilômetros em uma hora. Esse dino não ía nem ter que suar para fazer uma pessoa de almoço. Que sorte que eles não estão mais por aqui!

O utahraptor não era o maior carnívoro do pedaço, mas ele era bem inteligente (para um dinossauro) e caçava em grupo. Quer dizer que um dinossauro no caminho deles não tinha que fugir só de um, mas sim de um monte de utahraptors famintos e espertos que sabiam trabalhar como um time.

Tudo isso pode fazer o utahraptor parecer meio monstro, mas ele era só um bicho como todos os outros bichos. Ele só podia comer carne, então tinha que caçar. Talvez, se ele conseguisse comer folhas, até preferisse, pelo menos elas não dão rabadas nem chifradas de volta.

E ele era um dino sociável, que vivia em grupos com os amigos e com a família. Todo mundo tomando conta uns dos outros.

tarchia gigantea

(Viveu entre 75 e 68 milhões de anos atrás.)

O tarchia era um dinossauro bem esquisito, ele parecia uma mistura de besouro e tanque de guerra: baixinho, com uma armadura grossa, vários espinhos e uma marreta na ponta do rabo. Tinha que ser corajoso para mexer com esse dino comedor de plantas mau-humorado.

Ter uma bela armadura e um monte de armas no corpo não foi uma ideia só do tarchia, existiram muitos dinos-tanques antes e depois dele. O que o tarquia tem de diferente é ter sido um dos maiores desse tipo de dinossauro que existiu. Ele tinha quase 9 metros de comprimento e pesava mais do que um elefante!

Com essa armadura pesada, o tarquia mal conseguia correr, mas ele não era um alvo fácil. Para um carnívoro encarar o tarquia, ele tinha que tentar morder uma pele dura cheia de espinhos doídos, tomando rabada atrás de rabada. O tarquia não balançava o rabo todo, o rabo ficava durinho e só ia de um lado para o outro. Mas isso fazia a rabada dele mais poderosa – do mesmo jeito que um tapa é mais forte com a mão bem durinha do que com ela molenga.
E com essa marreta de osso na ponta do rabo do tarchia cada rabada dele causava um belo estrago. Ele podia quebrar as pernas de um dino como o tarbossauro aqui de uma vez.

O único jeito de alguém conseguir jantar o tarchia seria virar esse dino de barriga para cima, mas como ele tinha as pernas curtas e ficava bem pertinho do chão, era mais fácil pensar nisso do que fazer.

O tarchia vivia numa região bem seca, perto de um deserto. Como não costuma ter muita planta nesse tipo de lugar, esse dino comia praticamente qualquer coisa vegetal que o pescocinho dele alcançasse. O tarchia tinha um bico forte para arrancar pedaços de plantas e muuuitos dentes para triturar até os galhos mais secos, duros e espinhosos.

Até onde a gente sabe, o tarchia era um bicho que preferia ficar sozinho, talvez porque onde ele vivia era mais fácil achar comida para um do que para uma família inteira.

E com essa proteção toda que ele carregava pra lá e pra cá, ficar sozinho não era nenhum problema para o tarchia.

Texto: Clarice Uba
Ilustrações: Lorota
Projeto gráfico e diagramação: Ainá Calia
Capa: Lorota e Ainá Calia
Revisão de texto: Luís Fernando Protásio

Dados Internacionais de Catalogação na Publicação - CIP

F383

Uba, Clarice
Mini curiosos descobrem os dinossauros / Clarice Uba. Ilustração de Lorota. – São Paulo: Lume Livros, 2016. (mini curiosos descobrem)
32 p.; Il.

ISBN 978-85-919672-2-3

1.Dinossauros. 2. Literatura Infanto-Juvenil. 3. Diversidade Animal. 4. Argentinossauro. 5. Epidexipteryx. 6. Estegossauro. 7. Utahraptor. 8. Tiranossauro Rex. 9. Parassaurolofo. 10. Tarchia Gigantea. 11. Dinos. I. Título. II. Os dinossauros. III. Série. IV. Uba, Clarice. V. Lorota, Ilustradora.

CDU 82-93
CDD 028.5

Catalogação elaborada por Ruth Simão Paulino

Primeira edição, Junho de 2016

Lume Livros Editora Ltda - ME.
Rua Sebastião Rodrigues 303 - Vila Madalena
CEP 05451-060- São Paulo - SP
Tel. +55 11 37914719
contato@lumelivros.com
www.lumelivros.com